Alpha

Manuel de l'invité

I0869026

Le «Manuel de l'invité» est réalisé d'après l'ouvrage «Les Questions de la Vie» et les enseignements oraux de Nicky Gumbel.

Édition française 2009
Copyright © Alpha International
www.parcoursalpha.fr

Publié par Alpha International
Holy Trinity Brompton, Brompton Road
London, SW7 1JA
www.alpha.org

Traduction: Pasteur François Anglade et Marc de Leyritz
Mise en page: Père Vianney-Marie o.s.b.
Illustrations: Charlie Mackesy

Citations bibliques: Traduction Oecuménique de la Bible © Editions du Cerf Tous droits réservés. La reproduction ou la transmission de cette publication sous quelque forme ou quelque procédé que ce soit, tant électronique que mécanique, y compris par photocopie, enregistrement ou par quelque procédé de stockage ou de lecture d'information que ce soit est interdite sans l'autorisation écrite de l'éditeur.

ISBN 978-1-907950-00-1

Bienvenue à bord !

Nous vous souhaitons la bienvenue au parcours Alpha. Prendre ce temps pour vous vous a sans doute demandé du courage. L'expérience montre que ce parcours porte beaucoup de fruit dans la vie de chacun, de différentes manières, et qu'il est un lieu d'amitié, d'échange et de partage qui permet de nouer des discussions en profondeur.

Ce petit manuel est pour vous. Il est destiné à vous permettre de suivre les exposés donnés dans le parcours de manière détendue. Vous y trouverez le plan de chaque exposé, les références des citations bibliques, et sur chaque page un espace pour prendre vos notes personnelles.

Apportez-le à chaque séance et conservez-le précieusement, il sera pour vous une source d'idées et de souvenirs.

Si vous ratez un exposé une semaine, pas de panique. Certains parcours peuvent vous fournir les enregistrements de leurs orateurs, ou bien rendez-vous sur le site www.amisdalpha.fr pour écouter l'exposé en audio (fichiers mp3 dans le rubrique « Vidéos et mp3 »).

Nous vous souhaitons un bon parcours Alpha !

Alpha s'adresse à toute personne qui désire réfléchir aux grandes questions de sa vie et découvrir les bases de la foi chrétienne.

Le parcours se déroule en dix rencontres hebdomadaires et un week-end. Chaque rencontre débute par un repas, suivi d'un exposé puis d'un échange entre ceux qui ont pris leur repas ensemble. Un week-end qui mêle détente et enseignement est proposé à mi-parcours.

Alpha est gratuit et sans engagement. Une participation libre aux frais des repas vous sera suggérée.

Les parcours Alpha ont débuté il y a trente ans dans la paroisse anglicane londonienne Holy Trinity Brompton. Ils sont aujourd'hui proposés par plus de 30 000 paroisses et églises de toutes confessions chrétiennes sur les cinq continents.

Table des matières

Session d'introduction
Le christianisme : faux, ennuyeux, dépassé ?

Introduction

- Objections
- Malentendus

Le christianisme a-t-il le moindre intérêt pour ma vie d'aujourd'hui ?

I. UNE ORIENTATION POUR UN MONDE DEBOUSSOLE

- Quelles sont nos raisons de vivre ?
- Quelques questions importantes :
  - Que faisons-nous sur terre ?
  - D'où venons-nous ?
  - Où allons-nous ?
  - Que se passe t-il après notre mort ?
  - Notre vie a-t-elle un sens et un but ?

Jésus dit : *« Je suis le Chemin. »*

II. LE SENS DU REEL DANS UN MONDE DE CONFUSION

Ce en quoi nous croyons a-t-il de l'importance ?

Notes

Jésus dit : « Je suis le Chemin, la Vérité et la Vie. »
(Jean 14, 6)

Notes

- La vérité, une connaissance d'ordre intellectuel
- La vérité, une expérience personnelle

Jésus dit: «*Je suis la Vérité.*»

III. LA VIE DANS UN MONDE DE TENEBRES

- Créés à l'image de Dieu
- La chute du péché
- Pardonné et libéré en Jésus Christ

Jésus dit: «*Je suis la Vie.*»

CONCLUSION

- Pas ennuyeux: une vie vécue en plénitude
- Pas faux: c'est la Vérité
- Pas dépassé, cela peut transformer radicalement notre vie

Session 1
Qui est Jésus?

Introduction

1) Il a existé

- Sources non chrétiennes sur Jésus
  - Historiens romains: Tacite et Suétone
  - Historien juif: Flavius Josèphe
- Sources chrétiennes: le Nouveau Testament

> **Question**: «Comment est-on sûr que ces textes écrits il y a longtemps n'ont pas été modifiés au cours des siècles?»

Ouvrage	Ecrit en	Manuscrit le plus ancien	Temps écoulé	Nombre d'exemplaires
Hérodote	488-428 av. J.-C.	900 apr. J.-C.	1 300 ans	8
Thucydide	env. 460-400 av. J.-C.	env. 900 apr. J.-C.	1 300 ans	8
Tacite	100 apr. J.-C.	1 100 apr. J.-C.	1 000 ans	20
Guerre des Gaules de César	58-50 av. J.-C.	900 apr. J.-C.	950 ans	9-10
Histoire de Rome Tite-Live	59 av. J.-C. - 17 apr. J.-C.	900 apr. J.-C.	900 ans	20
Nouveau Testament Latin	40-100 apr. J.-C.	130 apr. J.-C.	300 ans pour la totalité du manuscrit	5 000+ en Grec 10 000 en latin 9 300 autres langues

Notes

2) Il était pleinement humain

- Un corps humain

  Fatigué (Jean 4, 6)

  Affamé (Matthieu 4, 2)

- Des émotions humaines

  Joie (Luc 10, 21)

  Amour (Marc 10, 21)

  Tristesse (Jean 11, 32-36)

- Des expériences humaines

  Tentation (Marc 1, 13)

  Education (Luc 2, 46-52)

  Travail (Marc 6, 3)

  Souffrance (Luc 22, 42)

Question :

Etait-il plus qu'un homme?

Plus qu'un grand maître spirituel?

I. QUI JESUS PENSAIT-IL ETRE ?

1) Il centrait son enseignement sur lui-même

– *« Je suis le pain de vie. »*

(Jean 6, 35)

- *« Je suis la lumière du monde. Celui qui vient à ma suite ne marchera pas dans les ténèbres; il aura la lumière qui conduit à la vie. »* (Jean 8, 12)

- *« Venez à moi, vous tous qui peinez sous le poids du fardeau, et moi je vous donnerai le repos. »*

(Matthieu 11, 28)

- *« Je suis la Résurrection et la Vie. Celui qui croit en moi, même s'il meurt, vivra. »*

(Jean 11, 25)

- *« Celui qui m'a vu a vu le Père. »*

(Jean 14, 9)

2) Ses affirmations indirectes

- Le pardon des péchés

(Marc 2, 5)

- Le jugement du monde

(Matthieu 25, 31-32)

Notes

Notes

C.S. Lewis (l'auteur des chroniques de Narnia) pose ainsi le problème: «Un homme, simplement homme, et qui prétendrait ce que Jésus a prétendu, ne pourrait pas être un grand maître spirituel. Ce serait un fou ou un imposteur. A chacun de juger. Soit Jésus était et est le Fils de Dieu, soit c'était un fou ou un imposteur. Ne nous bornons pas à déclarer pompeusement qu'il était un grand humaniste. Jésus ne nous a pas laissé cette alternative.»

3) Ses affirmations directes

- Messie (Marc 14, 61-62)
- Fils de Dieu (Marc 14, 61)
- Dieu le Fils:

«Avant qu'Abraham fût, Je Suis.» (Jean 8, 58);

«Mon Seigneur et mon Dieu.» (Jean 20, 28);

«Tu te fais Dieu.» (Jean 10, 33)

II. QUELLES RAISONS AVONS-NOUS DE LE CROIRE?

1) Ses enseignements

Voir par exemple le Sermon sur la Montagne (Matthieu 5-7)

2) Ses œuvres (Jean 10, 37-38)

3) Sa personnalité

4) L'accomplissement des prophéties de l'Ancien Testament

5) Sa victoire sur la mort

a) Son absence du tombeau

Tentatives d'explication :

- Il ne serait pas vraiment mort (Jean 19, 33-34)
- Les disciples auraient fait disparaître le corps
- Les autorités auraient fait disparaître le corps
- Des voleurs auraient volé le corps (Jean 20, 1-9)

b) Sa présence au milieu de ses disciples

- Des hallucinations ?
- Nombre des apparitions
  - En 10 occasions différentes au moins
  - Plus de 500 personnes

Notes

Notes

- Nature des apparitions (Luc 24, 37-43)

c) L'impact immédiat

d) L'expérience des chrétiens au cours des âges

« Nous sommes confrontés à un dilemme impressionnant… Il me semble que ce n'était ni un fou ni un imposteur. Voilà pourquoi, aussi étrange, impressionnant ou invraisemblable que cela puisse paraître, il me faut voir Dieu en lui. Dieu est venu dans ce monde, sous une forme humaine. »

C.S. Lewis

Conclusion

Session 2
Pourquoi Jésus est-il mort?

Notes

Introduction

La croix est au cœur de la foi chrétienne (1 Corinthiens 15, 3)

I. LE PROBLEME

« Tous ont péché... » (Romains 3, 23)

Les résultats du péché

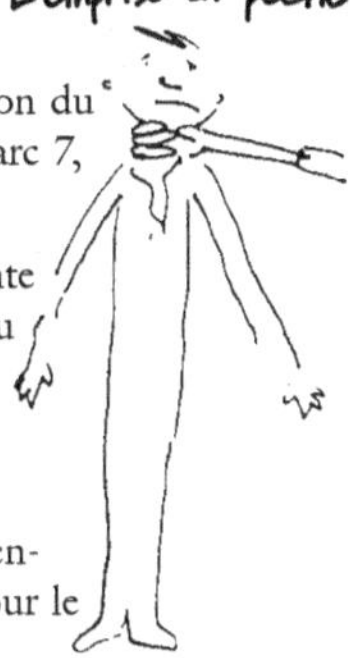

- La pollution du péché (Marc 7, 21-23)
- La puissante emprise du péché (Jean 8, 34)
- La peine encourue pour le péché (Romains 6, 23)
- Le péché nous sépare de Dieu (Ésaïe 59, 2)

II. LA SOLUTION

Romains 5, 8

- « Pour nous »

Notes

- L'agonie de la croix

III. LE RESULTAT : CE QUE SA MORT SIGNIFIE POUR NOUS

Quatre images

- Le Tribunal

  Nous sommes *«justifiés»* (Romains 3, 24)

  La peine du péché est levée

- Le marché aux esclaves

  «Le Fils de l'homme est venu […] pour servir et donner sa vie en rançon pour la multitude.» (Matthieu 20, 28)

  La puissance du péché est détruite

- Le Temple

  «Le sang de Jésus […] nous purifie de tout péché.» (1 Jean 1, 7)

  La pollution du péché est supprimée

- La famille

  « C'était Dieu qui en Christ réconciliait le monde avec lui-même. » (2 Corinthiens 5, 19)

  La réconciliation

  La division causée par le péché est dépassée

Conclusion

Il est mort pour vous et pour moi

Galates 2, 20

Notes

Notes

Session 3 Comment savoir si j'ai la foi?

Introduction

L'amour nous transforme. Être chrétien, c'est avoir une relation personnelle avec Dieu par Jésus-Christ. Chacun y parvient de façon différente.

Certains peuvent faire remonter le changement à un moment précis.

Pour d'autres, cela est progressif.

Dieu veut que nous soyons sûrs de notre relation avec lui.

I. LA PAROLE DE DIEU

Nous ne pouvons pas nous appuyer seulement sur nos sentiments, qui sont changeants et parfois trompeurs, mais nous pouvons avoir confiance dans les promesses de Dieu.

«J'entrerai chez lui...» (Apocalypse 3, 20)

«Je suis avec vous tous les jours...» (Matthieu 28, 20)

«Je leur donne la vie éternelle.» (Jean 10, 28)

La foi: découvrir la promesse de Dieu et oser y croire

II. L'ŒUVRE DE JESUS

Nous ne pouvons pas gagner le pardon de Dieu par nos mérites, mais Jésus Christ est mort sur la croix pour que nous puissions être réconciliés avec Dieu.

- Dieu nous aime et l'a montré en mourant pour nous (Jean 3, 16)
- Il a pris sur lui nos péchés (2 Corinthiens 5, 21)

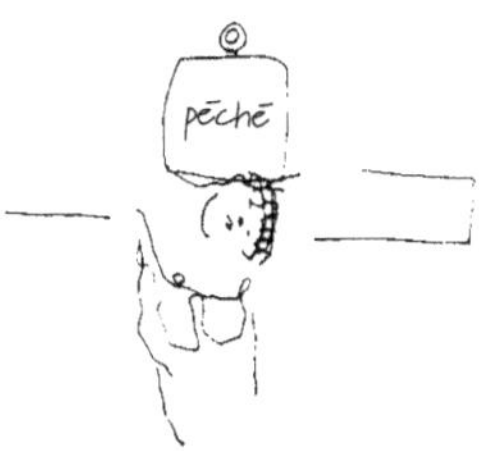

Notes

Notes

III. LE TEMOIGNAGE DE L'ESPRIT SAINT

Lorsque quelqu'un devient chrétien, le Saint Esprit vient demeurer en lui (Romains 8, 9)

1) Il nous transforme de l'intérieur

- Notre personnalité (Galates 5, 22)
- Nos relations

Avez-vous expérimenté certains de ces changements dans votre vie?

- Un nouvel amour pour Dieu
- Le désir de lire la Bible
- Le sens du pardon
- Le souci des autres
- La joie de louer Dieu
- Le désir de rencontrer des chrétiens

2) Il me donne la conviction personnelle et profonde que je suis enfant de Dieu (Romains 8, 15-16)

Notes

Notes

Session 4
Prier : pourquoi et comment ?

I. QU'EST-CE QUE LA PRIERE CHRETIENNE ?

(Éphésiens 2, 18)

Implique toute la Trinité. C'est une prière :

1) Au Père

2) Par le Fils

(Jean 15, 16)

3) Dans l'Esprit Saint

(Romains 8, 26)

II. POURQUOI PRIER ?

1) Développer une relation avec Dieu

(Matthieu 6, 6)

2) Les bienfaits de la prière

- L'expérience de l'amour de Dieu
- La joie (Psaume 16, 11)
- La paix (Philippiens 4, 6-7)
- Une perspective nouvelle
- Il nous guide
- Il comble notre faim spirituelle

3) Les résultats de la prière

III. DIEU EXAUCE-T-IL TOUJOURS LA PRIERE ?

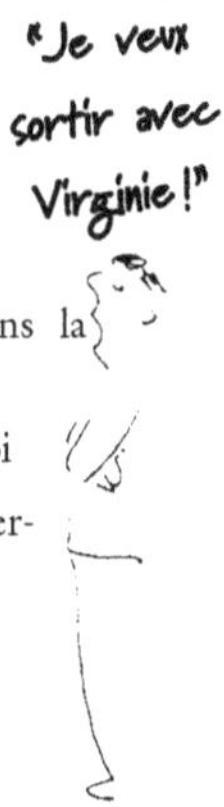

Matthieu 7, 7-11

1) Jésus a insisté pour que nous ayons confiance dans la prière de demande.

- Prier avec foi
- Prier avec persévérance

Notes

Notes

2) Les obstacles entre Dieu et nous

- Le péché pour lequel nous n'avons pas demandé pardon (Ésaïe 59, 2)
- De mauvais motifs
(Jacques 4, 2-3)
- Une conception fausse de notre bien
(Matthieu 7, 11)

Accepter de ne comprendre que plus tard

IV. COMMENT PRIER ?

Le modèle de la prière du Seigneur

- *« Notre Père »*
- *« Qui es aux Cieux »*
- *« Que ton Nom soit sanctifié »*
- *« Que ton règne vienne »*
- *« Que ta volonté soit faite sur la terre comme au ciel »*

- *« Donne-nous aujourd'hui notre pain de ce jour »*
- *« Pardonne-nous nos offenses comme nous pardonnons aussi à ceux qui nous ont offensés »*
- *« Ne nous soumets pas à la tentation, mais délivre-nous du mal »*

V. QUAND PRIER ?

1) Sans cesse
(1 Thessaloniciens 5, 17)
(Ephésiens 6, 18)

2) Seul
(Matthieu 6, 6)

Notes

Notes

- Avec régularité
- En choisissant le meilleur moment

3) Avec d'autres
(Matthieu 18, 19)

Session 5
Pourquoi et comment lire la Bible?

Introduction

Le livre le plus populaire,

le plus puissant

et le plus précieux au monde

I. UN LIVRE DE VIE: DIEU A PARLE (Révélation)

a) Dieu se révèle

b) Une œuvre inspirée par Dieu
(2 Timothée 3, 15-17)

Notes

Notes

c) Comment traiter les difficultés du texte?

d) Un livre pour notre vie

II. UNE LETTRE D'AMOUR – DIEU PARLE (Relation)

1) Une présence vivante
(Jean 5, 39-40)

2) Le fruit de la parole de Dieu

a) Pour ceux qui ne sont pas chrétiens
(Romains 10, 17; Jean 20, 31)

b) Pour ceux qui sont chrétiens

- Devenir comme Jésus
(2 Corinthiens 3, 18)

- Joie et paix spécialement dans les étapes difficiles de la vie
(Psaume 23 (22), 5)

- Désir ardent d'une vie nouvelle fondée sur l'amour

III. COMMENT ENTENDRE LA VOIX DE DIEU DANS LA BIBLE ?

1) Prenez du temps

- Planifiez le moment
- Soyez régulier

2) Le lieu
Un lieu solitaire (Marc 1, 35)

3) La méthode

a) Demandez à Dieu de vous parler
b) Lisez le passage (en essayant d'utiliser les notes)
c) Posez-vous trois questions
   - De quoi ça parle ?
   - Qu'est-ce que ça veut dire ?
   - Comment est-ce que ça s'applique à moi ?

Notes

Notes

d) Mettez en pratique

«Ainsi tout homme qui entend les paroles que je viens de dire et les met en pratique peut être comparé à un homme avisé qui a bâti sa maison sur le roc.» (Matthieu 7, 24)

Session 6
Comment Dieu nous guide-t-il?

Notes

Introduction

Nous prenons en permanence des décisions importantes: relations, emploi du temps, logement, argent, vacances, don, orientation professionnelle, choix d'un conjoint etc...

a) Dieu promet de nous guider (Psaume 32 (31), 8)

b) Dieu a un projet d'amour pour chacune de nos vies (Jérémie 29, 11)

c) Nous avons besoin de consulter Dieu dans chacune de nos grandes décisions (Ésaïe 30, 1-2)

Notes

d) Une attitude d'humilité est importante
(Luc 1, 38)

Dieu nous offre au moins cinq grands moyens

I. LES COMMANDEMENTS DE L'ECRITURE

1) La volonté générale de Dieu (Exode 20, 14; Luc 20, 25; Matthieu 10, 8)

Les grands principes en matière de mariage, de travail, d'argent, de relations familiales

2) La volonté de Dieu sur une situation précise
(Psaume 119 (118), 105-130-133)

II. LA CONDUITE DE L'ESPRIT SAINT

1) Dieu parle quand nous prions

Actes 13, 1-3

- Bonnes idées
- Impressions fortes
- Sentiments

2) Dieu inspire notre désir

« C'est Dieu qui fait en vous et le vouloir et le faire selon son dessein bienveillant. » (Philippiens 2, 13)

3) Dieu guide parfois par des voies plus inhabituelles

- Prophéties
(Actes 11, 27-28; 21, 10-11)
- Rêves
(Matthieu 1, 20)
- Visions et images
(Actes 16, 10)
- Est-ce en accord avec l'Écriture?
- Est-ce que cela va vers plus d'amour? (1 Jean 4, 16)
- Est-ce que cela amène la paix de Dieu? (Colossiens 3, 15)

Besoin de valider ce que nous percevons comme venant de Dieu
(1 Jean 4, 1)

Notes

Notes

III. NOTRE INTELLIGENCE

« Comprends ce que je dis et le Seigneur te fera comprendre tout cela. » (2 Timothée 2, 7)

Dieu vous éclairera dans votre réflexion, en présentant des raisons d'agir d'une certaine manière.

La prière permet de rester proche de Dieu, de sa manière de voir.

IV. LE CONSEIL DES « SAINTS »

« Qui écoute un conseil est sage. » (Proverbes 12, 15)

« Les projets avortent faute de délibération, avec de nombreux conseillers ils tiendront. » (Proverbes 15, 22)

« Fais tes projets avec réflexion, tu seras sûr de toi. » (Proverbes 20, 18)

Ne pas perdre de vue :

- Qui devrions-nous consulter ?
- Nous restons responsable

V. DIEU PARLE PAR LES CIRCONSTANCES

« Le cœur de l'homme étudie sa route, mais c'est le Seigneur qui affermit ses pas. » (Proverbes 16, 9)

Parfois les circonstances et leur enchaînement sont tels, qu'il est difficile de ne pas y voir l'action de Dieu.

Conclusion

1) Ne soyez pas pressés

2) Nous faisons tous des erreurs. Dieu pardonne (Joël 2, 25)

3) *« Tout concourt au bien de ceux qui aiment Dieu. »* (Romains 8, 28)

Notes

« Ayant alors persévéré, Abraham vit se réaliser la promesse. » (Hébreux 6, 15)

Notes

Week-end - Exposé 1

Qui est l'Esprit Saint?

Introduction

Pendant longtemps dans l'Eglise la personne et l'œuvre de l'Esprit Saint ont été :

- Ignorés : accent principal mis sur le Père et le Fils
- Mal compris : symbolique peu claire ; crainte d'une perte de liberté

I. IL A JOUE SON RÔLE DANS LA CREATION

- En mettant un ordre dans le chaos originel (Genèse 1, 2)
- En donnant la vie à l'homme (Genèse 2, 7)

II. IL SAISIT DES HOMMES PRECIS, A DES MOMENTS PRECIS, POUR DES TACHES PRECISES

Par exemple :

- Beçalel, pour en faire un artiste (Exode 31, 1-5)
- Gédéon, pour en faire un chef (Juges 6, 14-16, 34)
- Samson, pour la force (Juges 15, 14-15)

III. LA PROMESSE DU PERE

La promesse de « quelque chose » de nouveau

- *« Je mettrai ma loi au plus profond d'eux-mêmes; je l'inscrirai dans leur cœur. »*
  (Jérémie 31, 31-34 - T.L.B.)
- *« Je mettrai en vous mon Esprit. »*
  (Ezéchiel 36, 26-27 - T.L.B.)

Notes

Notes

«Je répandrai mon Esprit sur toute chair.» (Joël 3, 1-2)

Le peuple de Dieu a dû attendre plus de 300 ans la réalisation de cette prophétie.

IV. L'ESPRIT SAINT MANIFESTE DANS LA VIE DE JESUS

Jésus, l'homme rempli de l'Esprit Saint.

Préfigure ce qui peut se passer dans nos vies :

- L'impossible devient possible - *«Rien n'est impossible à Dieu.»* (Luc 1, 37)
- Un Père au ciel - *«Tu es mon Fils. Moi, aujourd'hui, je t'ai engendré.»* (Luc 3, 22)
- Un soutien dans la tentation - *«Jésus, rempli d'Esprit Saint, [...] était dans le désert, conduit par l'Esprit, pendant quarante jours.»* (Luc 4, 1)

- Découvrir sa vocation et la suivre - *«L'Esprit du Seigneur est sur moi, parce que le Seigneur m'a consacré par l'onction...»* (Luc 4, 18 - T.L.B.)
- Un Esprit d'allégresse - *«A l'instant même, Jésus exulta sous l'action de l'Esprit Saint...»* (Luc 10, 21)

V. JESUS ANNONCE LA VENUE DE L'ESPRIT

(Jean 7, 37-38)

Mais il leur dit de rester dans la ville jusqu'à ce qu'ils soient revêtus de la force d'en haut. (Actes 1, 4-8)

A la Pentecôte, les disciples furent remplis de l'Esprit Saint et reçurent:

- Un nouveau langage (Actes 2, 2-4)
- Une nouvelle audace (Actes 2, 14)
- Une nouvelle puissance (Actes 2, 37-41)

Conclusion

Aujourd'hui, cette promesse de l'Esprit Saint est proposée à chacun.

Notes

«D'entendre cela, ils eurent le cœur transpercé, et ils dirent à Pierre et aux apôtres: "Frères, que devons-nous faire?"... Pierre leur répondit: "Repentez-vous, et que chacun de vous se fasse baptiser au nom de Jésus-Christ pour la rémission de ses péchés, et vous recevrez alors le don du Saint Esprit."»

(Actes 2, 37-38 -B.J.)

Notes

Week-end - Exposé 2 L'œuvre de l'Esprit Saint

Introduction

Une nouvelle naissance (Jean 3, 3-8)

Né dans une famille

I. FILS ET FILLES DE DIEU

1) Le pardon (Romains 8, 1-2)
2) Enfant de Dieu (Romains 8, 14-17)
   - Le plus haut privilège (v. 14)
   - Une relation d'intimité (v. 15)
   - L'expérience de l'amour (v. 16)
   - Une espérance fondée (v. 17)

II. COMMENT DEVELOPPER CETTE RELATION ?

1) Il nous met en présence du Père (Ephésiens 2, 18)
2) Il nous aide à prier (Romains 8, 26)
3) Il nous rend capable de com-

prendre la parole de Dieu (Ephésiens 1, 17-18)

4) Il nous donne de persévérer dans la relation

III. UN AIR DE FAMILLE

Galates 5, 22-23

IV. L'UNITE DANS LA FAMILLE

Ephésiens 4, 3-6

V. DES DONS POUR CHACUN DES ENFANTS

Chaque membre de la famille est différent (1 Corinthiens 12, 1 - 11)

- Des dons gratuits
- Pour chacun
- En vue du bien commun

Notes

Notes

VI. UNE FAMILLE QUI S'AGGRANDIT

- Il nous donne la responsabilité de témoigner du Christ (Actes 1, 8)

- Une puissance donnée en vue du service

Conclusion

Tout chrétien a reçu l'Esprit Saint (Romains 8, 9), mais tous les chrétiens ne sont pas emplis de l'Esprit Saint.

> *« Laissez-vous remplir par l'Esprit Saint. »* (Ephésiens 5, 18)

Comment ?

(Apocalypse 22, 17)

Week-end - Exposé 3
Comment être rempli de l'Esprit Saint?

I. QUE SE PASSE-T-IL QUAND ON EST REMPLI DE L'ESPRIT SAINT?

La venue de l'Esprit Saint dans les premiers temps de l'Eglise

1) Pentecôte (Actes 2, 2-4)

2) Samarie (Actes 8, 14-17)

3) Paul (Actes 9, 17-19)

4) Ephèse (Actes 19, 1-6)

II. FAIRE L'EXPERIENCE DE L'ESPRIT SAINT

Qu'est-il arrivé à Corneille et aux gens de sa maison quand l'Esprit Saint est venu sur eux? (Actes 10, 44-46)

1) Ils ont fait l'expérience de la puissance de l'Esprit Saint

«L'Esprit Saint tomba sur tous ceux qui avaient écouté la parole. Et tous les croyants circoncis [...] furent stupéfaits...» (Actes 10, 44-45 - B.J.)

Notes

Notes

L'expérience est différente pour chacun

(Ephésiens 3, 16-19)

(Galates 5, 22-23)

2) Ils glorifiaient Dieu par une louange spontanée

3) Ils ont reçu un nouveau langage

III. OBSTACLES QUI EMPÊCHENT D'ETRE REMPLIS DE L'ESPRIT SAINT

Trois obstacles courants

(Luc 11, 9-13)

1) Le doute

2) La peur

3) Le sentiment de notre indignité

Session 7
Comment résister au mal?

Introduction

La réalité du combat spirituel

Satan, ange déchu?

Ancien Testament

Nouveau Testament: lorsque Jésus paraît, le démon se découvre avec force.

Notes

Notes

I. POURQUOI CROIRE AU DEMON?

1) Les raisons d'y croire
   - Le bon sens
   - L'expérience chrétienne
   - La Bible

Jésus

Paul (Ephésiens 6, 11-12)

2) Deux erreurs opposées mais de même importance
   - Refuser d'y croire
   - Un intérêt exagéré et malsain

II. QUELLES SONT LES TACTIQUES DU DIABLE?

Il cherche à détruire

1) Le doute
   (Genèse 3)
   (Luc 4, 3)

2) La confusion
(Genèse 3, 4)

Permission, interdiction, peine

Les conséquences de la désobéissance

- La honte (Genèse 3, 7)
- La rupture de l'amitié avec Dieu

« *Où es-tu ?* » (Genèse 3, 9)

- Le découragement

3) L'accusation

- Il accuse Dieu
- Il accuse les chrétiens devant Dieu

III. OU NOUS SITUONS-NOUS ?

Colossiens 1, 13

Satan vaincu à la croix

(Colossiens 2, 15)

Notes

Règne des Ténèbres	Royaume de la Lumière
Satan	Jésus
Péché	Pardon
Esclavage du péché	Liberté en Dieu
Mort	Vie
Destruction	Salut

Notes

IV. COMMENT NOUS DEFENDRE ?

> *« C'est pour cela qu'il vous faut endosser l'armure de Dieu; afin qu'au jour mauvais vous puissiez résister. »* (Ephésiens, 6, 13 B.J.)

1) La vérité pour ceinture (v.14)
   - L'enracinement dans la vérité et la doctrine chrétienne pour contrer les mensonges du démon

2) La justice pour cuirasse (v.14)
   - La justice du Christ nous est donnée
   - Protège notre cœur contre le sens de la culpabilité et la condamnation

3) Les chaussures de l'Evangile de la paix (v.15)
   - Etre prêt à parler du Christ

4) Le bouclier de la foi (v.16)
   - L'opposé du cynisme et du scepticisme

5) Le casque du salut (v.17)

- Passé, présent, futur

6) Le glaive de l'Esprit (v.17)

- La parole de Dieu

V. COMMENT PRENDRE L'OFFENSIVE ?

Le royaume de Dieu avance grâce à :

1) La prière

> *« Les armes de notre combat ne sont pas purement humaines, elles ont, de par Dieu, la puissance qui détruit les forteresses. »* (2 Corinthiens 10, 4 - T.L.B.)

Notes

Notes

2) L'action
(Luc 7, 22)

Conclusion

Session 8
En parler aux autres : pourquoi et comment ?

Notes

Introduction

- Le dernier commandement du Christ : l'envoi en mission (Jean 20, 21)
- Une bonne nouvelle = Evangile
- Le monde en a besoin

Deux dangers opposés

- Manque de délicatesse
- Timidité

Notes

I. PRESENCE

(Matthieu 5, 13)

Nous sommes appelés à être sel et lumière

Quand les gens nous savent chrétien, ils nous observent de près (v. 16)

> *« S'il arrive que certains refusent de croire à la parole de Dieu, ils seront gagnés sans parole, par la conduite de leur femme. »*
>
> *(1 Pierre 3, 1)*

II. PERSUASION

Soyez prêts à discuter des questions les plus courantes : « Pourquoi Dieu permet-il la souffrance ? », « Que penser des autres religions ? »

III. PROCLAMATION
(Jean 1, 39 - 42)

« Venez et voyez ! »

Nous ne sommes pas tous appelés à devenir des 'évangélistes', mais nous sommes tous appelés à être des témoins (v. 41)

Sachons nous expliquer

Voir à la fin du chapitre comment donner son témoignage

IV. PUISSANCE

1) Appuyez-vous sur l'Esprit Saint

2) Un miracle suscite toujours beaucoup d'intérêt !
(Actes 3)

V. PRIERE

1) Pour les autres, afin que les yeux des aveugles s'ouvrent

Notes

Notes

2) Pour nous-mêmes, afin que nous ayons de l'audace
(Actes 4, 29-31)

Conclusion

N'abandonnez pas!

(Romains 1, 16)

Annexe
Comment préparer son témoignage

Suggestions

a) Bref, 3 minutes au plus, après les gens décrochent

b) Personnel, pas une prédication. Utilisez 'je' et 'nous', et pas 'vous'

c) Garder le Christ au centre : c'est lui qu'ils doivent suivre, pas vous !

d) Format

- Un peu de votre vie passée
- Comment votre relation avec le Christ s'est créée

Notes

Notes

- Qu'est-ce que cela a changé pour vous depuis?

e) Rédigez-le entièrement, même si vous n'avez pas l'intention de lire à haute voix, cela permet d'en régler l'équilibre

Prière

Seigneur Jésus,

Je te demande pardon pour ce que j'ai commis de mauvais dans ma vie.

Prenez quelques instants pour demander pardon, en particulier pour tel aspect qui vous vient à l'esprit.

Pardonne-moi Seigneur. Je renonce à tout ce que je sais être mal.

Merci d'être mort pour moi sur la croix afin que je sois pardonné et rendu libre.

Je reçois maintenant ton pardon. Je te remets ma vie.

Et je t'en prie: Viens! Entre dans ma vie par Ton Esprit Saint, qu'il soit avec moi aujourd'hui et pour toujours.

Merci Seigneur Jésus. Amen.

Session 9
Dieu guérit-il encore aujourd'hui ?

Notes

I. LA GUERISON DANS LA BIBLE

1) Ancien Testament

- Les promesses de Dieu (Exode 23, 25-26 ; Psaumes 41, 3)
- Le caractère de Dieu *« C'est moi le Seigneur qui te guéris. »* (Exode 15, 26)
- Exemples de guérisons données par Dieu (2 Rois 4, 8-37 ; Esaïe 38)

2) Nouveau Testament

- L'enseignement de Jésus : le Royaume de Dieu (Marc 1, 15)

  Proclamé et confirmé
- Les guérisons

Notes

- L'envoi en mission de Jésus
  - L'envoi en mission des 12 (Matthieu 10, 1)
  - L'envoi en mission des 72 (Luc 10, 1)
  - L'envoi en mission des disciples (Matthieu 28, 19)

II. LA GUERISON DANS L'HISTOIRE DE L'EGLISE

Nombreux exemples de guérisons et de miracles

Histoire de l'Eglise des premiers siècles

Irénée (140 - 203)

Augustin (354 - 430)

III. LA GUERISON AUJOURD'HUI

Dieu guérit encore aujourd'hui.

Si nos églises ne sont pas des lieux où l'on prie pour obtenir du Seigneur la guérison, où priera-t-on?

IV. COMMENT ABORDER LA PRIERE POUR LA GUERISON ?

1) Avec amour

2) Avec foi

3) Avec simplicité

V. UN MODELE SIMPLE DE PRIERE POUR LA GUERISON

- Qu'est-ce qui ne va pas?
- Pourquoi la personne souffre-t-elle de cette maladie?
- Comment prier?
- Que ressent la personne?
- Et après?

Conclusion

Persévérez!

Notes

Notes

Session 10
L'Eglise : qu'en penser ?

Introduction

Des préjugés répandus :

- L'Eglise = les célébrations
- L'Eglise = le clergé
- L'Eglise = un bâtiment

Qu'est ce que l'Eglise ? Pourquoi « aller à l'église » ?

I. LE PEUPLE DE DIEU

Le mot grec '*ekklesia*',
une assemblée
ou un rassemblement de gens

Eglise / Royaume de Dieu

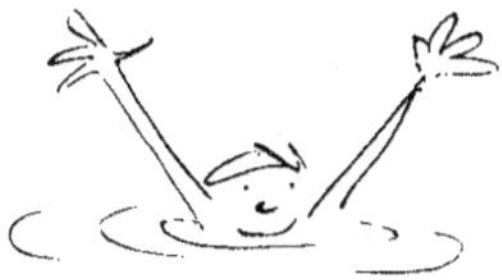

1) Le baptême nous fait entrer dans ce peuple.

- Purifie du péché (1 Corinthiens 6, 11)
- Fait participer à la mort et à la résurrection du Christ (Romains 6, 3-5; Colossiens 2, 12)
- Le sceau de l'Esprit Saint (1 Corinthiens 12, 13)

2) L'Eglise dans le monde

Environ 2 milliards de chrétiens aujourd'hui, dans des situations très différentes: l'Eglise persécutée, l'Occident, les pays en développement, de multiples confessions...

Notes

Notes

II. LA FAMILLE DE DIEU

(Ephésiens 2, 14-18)

1) Dieu est notre Père

Importance de l'unité. Une prière instante de Jésus: *« Que tous soient un... »* (Jean 17, 11)

« Appliquez-vous à garder l'unité de l'Esprit. » (Ephésiens 4, 3).

2) La communauté de vie

- Communauté (Actes 2, 42-47)

  - Communauté avec Dieu, Père, Fils et Esprit Saint
  (1 Jean 1, 3)
  (2 Corinthiens 13, 14)

  - Communauté entre les uns et les autres
  (1 Jean 1, 7)
  (Hébreux 10, 24-25)

- Pardon
- Fidélité

III. LE CORPS DU CHRIST

(1 Corinthiens 12, 1-27)

> *« Vous êtes le corps du Christ et vous êtes ses membres, chacun pour sa part.»* (1 Corinthiens 12, 27)

- Caractéristiques

  - Unité
    (Ephésiens 4, 3-6)

  - Diversité (v. 7-11)

  - Dépendance mutuelle (v. 14-26)

- La paroisse / l'église locale

  - La célébration du jour du Seigneur

  - Le groupe de maison

  - Le grand rassemblement

Notes

Notes

IV. UN TEMPLE SAINT

- La demeure de Dieu parmi les hommes
(Ephésiens 2, 22)

  - Bâtie sur la fondation des apôtres et des prophètes

  - Jésus est la pierre d'angle

  - Habitée par l'Esprit Saint

- La Cène du Seigneur / L'Eucharistie
(Matthieu 26, 26-28;
1 Corinthiens 11, 23-26)

  - *« Prenant du pain, il rendit grâces, le rompit et le leur donna... »*

  - *« Ceci est mon corps livré pour vous, cette coupe est la nouvelle alliance. »*

  - *« Pour le pardon des péchés. »*

  - *« Faites cela en mémoire de moi. »*

V. L'EPOUSE DU CHRIST

(Ephésiens 5, 25)

- L'amour du Christ pour son Eglise (v. 25)
- La visée du Christ pour son Eglise (v. 27) (Apocalypse 21, 2)
- Notre réponse

Notes

Notes

Week-end - Exposé 4

Comment tirer le meilleur parti du reste de ma vie ?

(Romains 12, 1-21)

I. QUE FAIRE ?

1) Première étape : rompre avec le passé

> *« Ne vous conformez pas au monde présent. »* (v. 2) Littéralement : « Ne laissez pas le monde vous presser dans son moule. »

2) Deuxième étape : prendre un nouveau départ

> *« Soyez transformés... »*
>
> - Un amour sincère (v. 9)
> - L'enthousiasme pour le Seigneur (v. 11)
> - Des relations harmonieuses (v. 21)

II. COMMENT Y PARVENIR ?

1) *« Vous offrir vous-mêmes... »*

- Nos priorités
- Nos ambitions
- Nos biens
- Notre corps : oreilles, langue, mains, sexualité, yeux...

2) *« Comme un sacrifice vivant... »*

- Cela implique certains sacrifices
- Cela peut avoir un coût

III. POURQUOI LE FAIRE ?

1) Le projet de Dieu pour notre avenir

La volonté de Dieu est « bonne, agréable et parfaite. » (cf. Romains 12, 1-2)

2) A cause de ce que Dieu a fait pour nous

En contemplant Jésus, le Fils de Dieu, qui a accepté de mourir sur une croix, nous voyons combien Dieu nous aime.

Notes

Comment rester en contact?

Il existe des bureaux nationaux et des coordinateurs Alpha francophones partout dans le monde, tel que décrit ci-dessous. Pour plus de renseignements ou pour commander des ouvrages, merci de contacter le bureau le plus proche de chez vous :

Belgique
T: +32 10 235283
E: parcoursalpha@gmail.com

Burundi
T: +257 22 23 07 34
E: alpha.burundi@gmail.com

Canada
T: +1 604 304-2082
E: info@alphacanada.org
http://www.alphacanada.org/

France
T: +33 1 82 28 75 80
E: contact@parcoursalpha.fr
http://www.parcoursalpha.fr/

Ile Maurice
Tel: +230 2421119
E: alphamauritius@gmail.com

Rwanda
T: +250 78835 8495
E: fkabango@hotmail.com

Suisse
T: +41 44 274 8474
E: info@alphalive.ch
http://www.alphalive.ch

Les Parcours Alpha en France

Les **Parcours Alpha sont un outil** développé par une association nationale, Alpha France, dont l'équipe est **au service des églises**, paroisses, et aumôneries.

Il existe différents parcours (Parcours Alpha *Classic*, Alpha *Jeunes*, Alpha *Couple*, Alpha *Duo*). **Interconfessionnels** et présents dans toute la France, au sein des **communautés chrétiennes**, ils vivent grâce au travail de **bénévoles**.

Que fait l'association Alpha France?

Pour mieux accompagner l'engagement des bénévoles, l'association :

- ✔ anime des **formations** partout en France,
- ✔ développe des **outils adaptés** pour les orateurs et les invités,
- ✔ lance de **nouveaux parcours** en réponse aux besoins identifiés,
- ✔ accompagne et conseille les parcours existants **sur le terrain**,
- ✔ permet aux parcours d'**être présents dans les médias**.

Tous ces projets sont **uniquement financés par des dons**.
L'association ne reçoit **aucune subvention** ni aucun soutien institutionnel.

Comment nous aider ?

Si vous souhaitez soutenir par votre don les Parcours Alpha :

- rendez-vous sur www.jesoutiensalpha.fr
- ou envoyez votre don à : Cours Alpha France, 5 rue de Mouzaïa, 75019 Paris
- ou choisissez de soutenir l'association dans la durée par un don mensuel prélevé automatiquement.
  Téléchargez le formulaire sur www.jesoutiensalpha.fr

Alpha France est une association loi 1901, reconnue d'intérêt général. Votre don vous permet de bénéficier d'une ***réduction d'impôt sur le revenu*** *de 66% de son montant dans la limite de 20% de votre revenu net imposable (au-delà de 20%, l'excédent est reportable sur les 5 années suivantes).*

www.ingramcontent.com/pod-product-compliance
Lightning Source LLC
LaVergne TN
LVHW010747270826
846327LV00013B/88
9781907950001